上海市工程建设规范

轨道交通规划设计标准

Standard for rail transit planning

DG/TJ 08—2325—2020
J 15385—2020

主编单位:上海市城市规划设计研究院
上海市规划和自然资源局
上海市交通委员会
批准部门:上海市住房和城乡建设管理委员会
施行日期:2021年3月1日

同济大学出版社

2021 上海

图书在版编目(CIP)数据

轨道交通规划设计标准/上海市城市规划设计研究院，上海市规划和自然资源局，上海市交通委员会主编. —上海：同济大学出版社，2021.3

ISBN 978-7-5608-9771-4

Ⅰ. ①轨… Ⅱ. ①上… ②上… ③上… Ⅲ. ①城市铁路–交通规划–技术标准②城市铁路–设计–技术标准 Ⅳ. ①U239.5-65

中国版本图书馆 CIP 数据核字(2021)第 026305 号

轨道交通规划设计标准

上海市城市规划设计研究院
上海市规划和自然资源局　　**主编**
上海市交通委员会

策划编辑　张平官
责任编辑　朱　勇
责任校对　徐春莲
封面设计　陈益平

出版发行　同济大学出版社　www.tongjipress.com.cn
（地址：上海市四平路 1239 号　邮编：200092　电话：021-65985622）
经　　销　全国各地新华书店
印　　刷　浦江求真印务有限公司
开　　本　889mm×1194mm　1/32
印　　张　2.125
字　　数　57000
版　　次　2021 年 3 月第 1 版　2021 年 3 月第 1 次印刷
书　　号　ISBN 978-7-5608-9771-4
定　　价　20.00 元

上海市住房和城乡建设管理委员会文件

沪建标定〔2020〕497 号

上海市住房和城乡建设管理委员会
关于批准《轨道交通规划设计标准》为
上海市工程建设规范的通知

各有关单位：

由上海市城市规划设计研究院、上海市规划和自然资源局、上海市交通委员会主编的《轨道交通规划设计标准》，经我委审核，现批准为上海市工程建设规范，统一编号为 DG/TJ 08—2325—2020，自 2021 年 3 月 1 日起实施。

本规范由上海市住房和城乡建设管理委员会负责管理，上海市城市规划设计研究院负责解释。

特此通知。

上海市住房和城乡建设管理委员会

二〇二〇年九月十五日

前言

本标准是根据上海市城乡建设和管理委员会《关于印发〈2015年上海市工程建设规范编制计划〉的通知》(沪建管〔2014〕966号)的要求,由上海市城市规划设计研究院、上海市规划和自然资源局、上海市交通委员会负责主编,并会同上海市隧道工程轨道交通设计研究院、中铁上海设计院集团有限公司、上海市政工程设计研究总院(集团)有限公司共同编制而成。编制组经广泛调查研究,认真总结了国内外轨道交通各层次规划的经验,结合上海地区的实际情况,并在广泛征求意见的基础上,制定本标准。

本标准内容包括轨道交通线网规划,选线专项规划,车站、车辆基地及主要附属设施专项规划的编制内容、方法、基本原则和技术要求,共分为七章,包括:总则;术语;线网规划;线路规划;车站规划;车辆基地规划;主要附属设施规划。

各单位及相关人员在执行本标准过程中,如有意见和建议,请反馈至上海市规划和自然资源局(地址:上海市北京西路99号;邮编:200003;E-mail:guihuaziyuanfagui@126.com),上海市城市规划设计研究院(地址:上海市铜仁路331号;邮编:200040;E-mail:jinyu@supdri.com),或上海市建筑建材业市场管理总站(地址:上海市小木桥路683号;邮编:200032;E-mail:bzglk@zjw.sh.gov.cn),以供今后修订时参考。

主 编 单 位:上海市城市规划设计研究院
上海市规划和自然资源局
上海市交通委员会

参 编 单 位:上海市隧道工程轨道交通设计研究院
中铁上海设计院集团有限公司
上海市政工程设计研究总院(集团)有限公司
主要起草人:高　岳　张安锋　金　昱　李　英　饶雪平
黄　骁　陈　鹏　刘　涛　朱　博　魏　威
曾胜男　单　宁　吕洁华　杨　玲　章建庆
周晓琦　张天然　苏红娟　王小峰　朱蓓玲
单晓强　张　斌　李　旸　詹庭坚　夏振翔
主要审查人:朱沪生　忻铁朕　杨立新　顾保南　陈　祥
陈望桂　苗彩霞　沈忆程　陈小鸿

上海市建筑建材业市场管理总站

目　次

Contents

1 总 则

1.0.1 为提高轨道交通规划的科学性，明确规划编制内容，统一轨道交通规划设计标准，结合本市国土空间规划技术规定及轨道交通行业发展要求，制定本标准。

1.0.2 本标准适用于本市轨道交通专项规划编制，包括总体规划层次的线网规划，详细规划层次的线路选线、车站及车辆基地选址，以及主要附属设施选址等专项规划的编制。

1.0.3 轨道交通规划应以国土空间总体规划为基本依据，符合城市综合交通规划，并与单元规划、详细规划相衔接。

1.0.4 轨道交通规划应遵循安全可靠、以人为本、集约高效、节能环保的原则，落实优先发展公共交通的政策，促进城市和交通的协调发展。规划应统筹考虑近远期实施、既有网络优化完善、网络资源共享、交通系统衔接等要求，鼓励采用先进技术，增强规划的科学性。

1.0.5 编制轨道交通规划除应符合本设计标准外，尚应符合国家、行业和本市现行有关标准的规定。

2 术　语

2.0.1　轨道交通　rail transit

采用电力牵引车辆沿封闭或部分封闭的专用轨道运行的各种公共客运交通方式(不包括干线铁路)的统称,主要包括市域铁路、轨道交通快线、磁悬浮、地铁、轻轨、现代有轨电车、胶轮自动导向车辆等制式。

2.0.2　轨道交通线网　rail transit network

多条轨道交通线路通过车站和联络线衔接组合而成的网络系统。

2.0.3　正线　main line

载客列车运营贯穿全程的线路,包括车站到发线。

2.0.4　辅助线　sidings

为保证正线运营而设置的不载客列车运营线路,包括车站配线和出入线。

2.0.5　联络线　connecting line

连接两条独立正线的线路,分为载客运营线路和不载客运行线路。

2.0.6　附属设施　auxiliary facilities

包括控制中心、主变电所、中间风井以及车站的出入口、换乘通道、接驳设施和车站风井等设施。

2.0.7　线网规模　length of rail transit network

反映轨道交通供给水平的一个技术指标,一般是指轨道交通正线长度之和,单位为 km。

2.0.8　线网密度　network density

反映轨道交通供给水平的一个技术指标,一般是指一定范围用地内轨道交通正线长度之和与用地面积的比值，单位为 km/km^2。

2.0.9 车站密度 density of station distribution

反映轨道交通供给水平的一个技术指标，一般是指一定范围用地内轨道交通车站数量之和与用地面积的比值，单位为个/km^2。

2.0.10 车站出入口密度 station exit density

反映轨道交通服务水平的一个技术指标，一般是指一定范围用地内轨道交通车站出入口数量之和与用地面积的比值，单位为个/km^2。

2.0.11 客运量 passenger flow volume

在统计期内，轨道交通系统运送的乘客数量，单位为乘次。

2.0.12 负荷强度 load intensity

负荷强度分为线路负荷强度和线网负荷强度。线路负荷强度为线路全日客流量与线路长度之比，线网负荷强度为线网全日客流量与线网长度之比，单位均为乘次·日/km。

2.0.13 客运周转量 passenger turnover (person-kilometres)

在统计期内，轨道交通系统运送的乘客所乘坐里程的总和，单位为乘次·km。

2.0.14 客流密度 passenger flow density

客流密度分为线路客流密度和线网客流密度。线路客流密度为线路全日客运周转量与线路长度之比，线网客流密度为线网全日客运周转量与线网长度之比，单位为乘次·km/km。

2.0.15 单向高峰小时最大断面客流量 maximum one-way volume of section passenger flow in peak hour

一条轨道交通线路在单方向，以小时为单位计算断面客流量的情况下，分时断面客流量最大的小时断面客流量，单位为乘次/h。

2.0.16 旅行速度 operation speed

正常运营情况下，列车从起点站发车至终点站停车的平均运行速度，单位为km/h。

2.0.17 敷设方式 laying mode

轨道交通线路的轨道结构相对于地面的竖向关系，分为地下、地面和高架三种方式。

2.0.18 车辆基地 base for the vehicle

保障轨道交通系统正常运营的后勤基地，通常包括车辆停放、检修、维修、物资总库、综合维修、培训设施等部分，以及相关的生活设施，分为停车场、定修段和车辆段三种类型。

2.0.19 轨道交通规划控制线 rail transit control line

针对轨道交通沿线新建、改建和扩建的建(构)筑物划定的规划用地控制界限。

2.0.20 换乘 transfer

在轨道交通系统内，乘客在不同运营线路之间跨线或相同运营线路不同交路之间乘坐列车。

2.0.21 换乘距离 transfer distance

换乘时乘客步行距离的最小值，包括垂直移动距离和水平移动距离。

2.0.22 互连互通 interoperability

轨道交通系统内，线路间形成物理上连通，载客列车在不同线路之间跨线运营。

2.0.23 交通接驳 access

乘客在轨道交通系统与常规公共交通、出租车、社会车辆、非机动车、步行等其他交通系统之间的转换。

2.0.24 连通 connection

为了扩大轨道交通车站服务范围，在轨道交通车站本体外，与周边建筑及公共空间衔接的交通设施。

3 线网规划

3.1 一般规定

3.1.1 轨道交通线网规划的规划范围应与国土空间总体规划、单元规划的规划范围一致，统筹区域一体化、城镇圈发展要求。

3.1.2 轨道交通线网规划的规划年限应与国土空间总体规划、单元规划的年限一致，同时应对长远发展要求提出远景轨道交通线网布局方案。

3.1.3 编制轨道交通线网规划应收集社会经济、城市规划、交通、环境、工程地质、文物和历史风貌保护、重要市政设施等基础资料，基础资料应准确、可靠，宜以近 5 年的资料为主。

3.1.4 轨道交通线网规划，应根据城市规模、城乡空间布局、社会经济发展、综合交通等规划，明确功能分层、线网编织、枢纽锚固、资源共享和以人为本的要求，在客流预测的基础上，确定轨道交通线网规模、结构、布局方案，提出用地规划控制要求，并根据区域发展现状与规划，必要时预留弹性发展空间。

3.2 交通需求分析

3.2.1 客流需求分析的基础资料应包括土地使用现状和规划资料、综合交通调查数据、人口现状分布及变化趋势、岗位现状分布及变化趋势、现状道路和公交网络资料、道路网规划、轨道线网规划、铁路网规划、机场布局规划。根据现行国家标准《城市轨道交通线网规划标准》GB/T 50546，交通需求分析应基于近 5 年之内的综合交通调查数据。

3.2.2 客流需求分析和客流预测应以上位规划和已批复各级国土空间规划为依据，尤其是人口规模预测及空间分布、产业规模预测及产业空间分布、工作岗位规模预测及空间分布。

3.2.3 若人口、岗位等土地利用关键指标现状值超出既有规划预期，可依据城市空间发展战略开展预测工作。

3.2.4 客流需求分析和客流预测应建立交通需求预测模型，宜利用本市的基础数据进行模型的标定和校验，并论证模型参数的合理性。客流需求分析应反映城市未来总体的交通状况，如出行强度、出行距离、空间特征、出行方式结构、路网整体负荷强度、轨道交通承担公共交通客运量比重等，必要时可分区域统计有关指标。客流预测应开展城市客流走廊的识别。客流预测指标应反映轨道交通系统的服务水平，包括线路的全日客运量、负荷强度、客流密度、平均运距、高峰小时单向最大断面客流量、网络负荷强度、网络换乘系数等。

3.3 规划目标

3.3.1 轨道交通线网应覆盖主城区和新城的人口、岗位密集地区，主城区内轨道交通车站 600 m 半径范围内覆盖的人口、岗位占主城区总人口、总岗位的比例应分别大于 50%和 55%；新城内轨道交通车站 600 m 半径范围内覆盖的人口、岗位占新城总人口、总岗位的比例均应大于 40%。

3.3.2 轨道交通线网规划应保障轨道交通乘客的出行效率，满足高峰期 85%的乘客在轨道交通系统内单程出行时间不大于 40 min。

3.3.3 规划人口 10 万人以上的城镇应有轨道交通车站服务；规划人口 50 万以上的新城和城镇应设置市域线及内部的局域线，内部局域线应与市域线和市区线相衔接，并预留市区线的发展条件。

3.3.4 主城区内城市主中心与副中心以及毗邻副中心之间的轨道交通系统内部出行时间不宜大于 30 min；新城、核心镇与邻近的主城区副中心或主城区主要对外交通枢纽的轨道交通系统内部出行时间不宜大于 30 min；邻近新城之间、新城与近沪周边城镇的轨道交通系统内部出行时间不宜大于 30 min。

3.4 线网结构布局

3.4.1 线网规模应综合城市社会经济发展、城市规模、交通需求等多方面因素分析确定，并应满足轨道交通发展目标和功能定位的要求，并体现分阶段发展要求。

3.4.2 线网布局方案应在遵循国土空间总体规划、单元规划的基础上，综合考虑城乡空间布局、客运交通走廊分布、线网覆盖水平、网络客流分布均衡性、重要交通枢纽和大型客流集散点、网络运行效率等因素确定。

3.4.3 线网规划应结合城市空间布局和不同层次轨道交通客流需求和运行特征，明确各条线路的功能层次。轨道交通线网包括市域线、市区线和局域线三个功能层次。不同功能层次的线路宜符合表 3.4.3 的规定。

表 3.4.3 线网规划阶段线路规划指标

线路等级	市域线	市区线	局域线
设计速度(km/h)	100～200	60～100	50～80
旅行速度(km/h)	45～150	30～45	20～30
线路长度(km)	≥45	25～45	10～25
通道宽度(m)	50～60	40～50	10～40
平均站间距(km)	主城区、新城 1.5～3，其他地区≥3	0.6～1.5	0.4～1.5

3.4.4 线网结构与形态宜综合城市规模、空间结构、客运交通走廊、重要交通枢纽比选确定。

3.4.5 城市主中心核心区应设置3条以上轨道交通线路，车站密度应达到2.5个/km^2。城市副中心核心区应设置2条以上轨道交通线路，车站密度应达到2.0个/km^2。

3.4.6 规划年旅客到发量不小于4 000万人次的铁路客站，应配置不少于2条轨道交通线路；规划年旅客到发量不小于1 000万人次、小于4 000万人次的铁路客站，宜配置不少于1条轨道交通线路。轨道交通车站应与铁路客运站结合设置；不能结合设置的，换乘距离不宜超过200 m。

3.4.7 规划年旅客吞吐量不小于4 000万人次的机场，应配置不少于2条轨道交通线路，与城市主中心或毗邻副中心的联系宜控制在30 min以内；规划年旅客吞吐量不小于1 000万人次、小于4 000万人次的机场，宜配置不少于1条轨道交通线路。轨道交通车站应与机场航站楼结合设置；不能结合设置的，换乘距离不宜超过200 m。

3.4.8 线路宜沿城市主干路、次干路布设，市区线和局域线不宜沿高速公路、城市快速路布设。

3.4.9 线路通道应研究利用铁路资源的可行性，充分利用铁路富余运能开行市域列车，形成市域铁路功能。

3.4.10 线路通道应充分考虑与高压和超高压电力走廊、高压和超高压燃气管、污水总管、原水管、综合管廊、航油管、企业物料管、危险化学管道等重要市政设施的相互关系。

3.4.11 放射型线路接入主城区线网应统筹考虑线路走向、客流预测、接入条件等，宜采用“多点多线”换乘方式；采用“单点单线”换乘则应专门设计。

3.4.12 线网规划阶段应体现区域衔接、互连互通的运营要求，对于有客流需求及跨线运营条件的线路通道之间应按照正线技术标准设置联络线。

3.5 方案评价

3.5.1 方案评价应遵循定性评价与定量评价相结合的原则，对轨道交通线网方案进行功能和效益评价，进而通过方案比选形成推荐方案。

3.5.2 评价指标的选取应兼顾简单性、可测性和可靠性，并具有时效性。评价指标的量化标度应能客观合理反映轨道交通线网功能效益和服务水平等。评价指标体系应层次分明、结构清晰，覆盖城市规划指标、社会经济指标、环境指标和技术指标等多个方面，可采用综合评分法、理想方案法等评价方法。宜采用多种方法对轨道交通线网方案进行评价，反映轨道交通线网方案的综合情况。

3.6 车辆基地布局

3.6.1 线网规划阶段，车辆段宜根据布局情况按 2 条～5 条线路合建 1 座。停车场宜按 1 条～2 条线路设置 1 座。当市区线运营线路长度超过 20 km 时或当市域线运营线路长度超过 40 km 时，应根据运营需求，适当增设停车场。结合城市用地和线路规划条件，宜实现段、场同址合建和资源共享。

3.6.2 车辆基地规划按照节约集约利用土地的原则，宜设置在城市开发边界内，并考虑车辆基地综合开发利用的可行性。

3.6.3 线网规划阶段，单个停车场、定修段的用地规模宜控制在 10 hm^2～25 hm^2，单个车辆段用地规模宜控制在 20 hm^2～35 hm^2。线网车辆基地占地总规模可按表 3.6.3 进行规划控制。

表 3.6.3 线网规划阶段车辆基地用地指标(hm^2/km)

线网规划阶段	市域线	市区线	局域线	
			现代有轨电车	胶轮自动导向车辆等
用地指标	0.6	0.8	0.25	0.4

3.7 用地控制

3.7.1 用地控制规划通过控制和预留设施用地，为城市轨道交通建设提供用地条件。

3.7.2 宜对轨道交通走廊沿线土地使用调整进行研究，科学安排、合理布局轨道交通影响区内的用地，研究沿线地区可开发用地的规模，提出规划调整建议。

4　线路规划

4.1　一般规定

4.1.1　线路选线专项规划应与沿线用地规划相协调，并开展沿线用地的控制性详细规划调整。

4.1.2　线路选线专项规划应同步开展线路客流预测，明确线路起终点及走向、敷设方式、车站设置、车辆基地和主要附属设施选址、车辆基地综合开发利用导向等内容。

4.1.3　线路选线专项规划在保障网络和地区服务功能、满足线路技术条件的前提下，与相近建筑物距离应符合城市环境、风景名胜、文物保护、生态控制、安全防护的要求。

4.2　客流分析与评价

4.2.1　线路的客流预测分析应包括线路的全日客流量、负荷强度、客流密度、平均运距、全日和早高峰小时车站客流、断面客流、高峰小时系数等。应针对沿线人口和工作岗位的覆盖程度、多模式换乘衔接等因素进行客流敏感性分析。

4.2.2　车站的客流分析应包括车站的上下客流、换乘客流、多模式交通接驳的比例。换乘客流预测，应包含预测线路与其他线路之间全日及早高峰小时换乘客流量。

4.3　线　路

4.3.1　线路选线应遵循轨道交通线网规划中确定的线路功能、起终点、长度、枢纽等内容，深化线路的具体方案包括线路路由、平均站间距、敷设方式、交路方案及车辆制式等，应满足相应的服务水平、运量等级及速度目标值等要求。

4.3.2 线路选线应在线网规划的线路路由基础上，结合地区规划、客流预测、通道条件、局部线路分布均衡性等，深化论证线路规划选线方案。

4.3.3 线路全程最短运行时间不宜大于 60 min。

4.3.4 车辆制式应根据线路功能定位和客流预测，通过经济技术比选综合确定。车辆制式选型如下：

1 市域线宜采用市域铁路、轨道交通快线、磁悬浮等制式。

2 市区线宜采用地铁、轻轨等制式。

3 局域线宜采用现代有轨电车、胶轮自动导向车辆等制式。

4.3.5 线路平纵断面规划包括线间距、最小曲线半径和最大线路坡度等要素，应满足表 4.3.5 的要求。

表 4.3.5 线路平纵断面规划主要技术指标

<table>
<tr><td colspan="3">线路等级</td><td colspan="3">市域线</td><td colspan="2">市区线</td><td colspan="2">局域线</td></tr>
<tr><td colspan="3">设计速度
(km/h)</td><td>120</td><td>160</td><td>200</td><td>80</td><td>100</td><td colspan="2">70</td></tr>
<tr><td colspan="3">系统制式</td><td>轨道交通快线</td><td>市域铁路</td><td>市域铁路</td><td>地铁、轻轨</td><td>地铁</td><td>胶轮自动导向车辆等</td><td>现代有轨电车</td></tr>
<tr><td rowspan="2">线间距
(m)</td><td colspan="2">地下</td><td colspan="3">18.0</td><td>13.2</td><td>13.2</td><td>13.2</td><td>13.2</td></tr>
<tr><td colspan="2">高架、地面</td><td colspan="3">5.0</td><td>5.0</td><td>5.0</td><td>4.0</td><td>4.0</td></tr>
<tr><td rowspan="5">最小曲线半径(m)</td><td rowspan="3">正线</td><td>一般条件</td><td>900</td><td>1 500</td><td>2 200</td><td>450</td><td>650</td><td>100</td><td>35</td></tr>
<tr><td>困难条件</td><td>800</td><td>1 300</td><td>2 000</td><td>350</td><td>500</td><td>50</td><td>25</td></tr>
<tr><td>限速条件</td><td>400</td><td>500</td><td>600</td><td>—</td><td>—</td><td>—</td><td>—</td></tr>
<tr><td rowspan="2">辅助线</td><td>一般条件</td><td colspan="3">300</td><td>250</td><td>250</td><td>50</td><td>25</td></tr>
<tr><td>困难条件</td><td colspan="3">200</td><td>150</td><td>150</td><td>35</td><td>20</td></tr>
</table>

续表4.3.5

线路等级			市域线	市区线		局域线	
最大线路坡度(‰)	正线	一般条件	20	30	30	50	50
		困难条件	30	35	35	60	60
	辅助线	一般条件	25	35	35	50	50
		困难条件	35	40	40	60	60

注：根据现行行业标准《城市公共交通分类标准》CJJ/T 114 相关规定，地铁是大运量的轨道运输系统，采用钢轮钢轨体系。上海地铁车辆主要采用 A 型车，基本宽度为 3 000 mm。轻轨系统是中运量的轨道运输系统，采用钢轮钢轨体系。上海轻轨车辆主要采用 C 型车，基本宽度为 2 600 mm。

4.3.6 轨道交通路权形式应根据城市规划、线路功能、道路交通和经济可承受能力等因素确定。

1 市域线、市区线应以独立路权为主。

2 局域线宜根据实际情况灵活采用独立路权、半独立路权等形式。

4.3.7 轨道交通敷设方式应符合下列要求：

1 线路敷设方式选择应结合城市规划、沿线用地条件、地理环境条件及城市轨道交通系统选型的技术特点等开展综合比选，因地制宜选择。市域线和市区线在主城区、新城、历史文化风貌保护地区及环境敏感地区范围内宜采用地下敷设方式。局域线若选用现代有轨电车，则应以地面敷设方式为主；若选用其他制式，则应结合客流需求、沿线用地规划等综合比选论证，宜以地面敷设方式为主。

2 车辆基地应结合综合开发利用统筹考虑敷设方式。主城区和新城范围内的车辆基地应论证地下敷设方式的可行性。

4.3.8 线路选线应充分考虑与 220 kV 及以上电力架空线以及电力隧道、压力在 1.6 MPa 及以上的高压和超高压燃气管、各大污水处理厂进厂总管、污水总管、原水管、综合管廊以及所有涉及航油管、企业物料管、危险化学管道等市政管线的平面和竖向关系，满足彼此的安全要求。如确需共通道布局的，应做好安全论证。

4.4 车 站

4.4.1 车站功能定位应结合现状用地功能确定，遵循相关规划的导向要求，同时考虑区域人口的主要活动模式特征。轨道交通车站宜分为综合枢纽站、城市中心站、换乘站和一般站四个等级。

4.4.2 车站设置应注重与沿线大型交通枢纽、公共活动中心、大型居住社区等人流密集地区的衔接，车站位置应有利于乘客集散，预留疏散空间，并应与其他交通方式换乘方便。

4.4.3 车站站间距应根据区位、线路功能、沿线用地、交通需求等综合确定。适宜站间距宜满足表 4.4.3 的规定。

表 4.4.3 轨道交通适宜站间距(km)

空间区位 线路功能等级	主城区	新城	郊区
市域线	1.5～3.0	1.5～3.0	≥3.0
市区线	0.6～1.2	0.6～1.2	≥1.5
局域线	0.4～0.8	0.4～0.8	0.7～1.5

4.4.4 线路选线专项规划应对车站周边 600 m 半径范围内的用地情况进行评估，从均衡全线客流和增强地区服务角度提出各个车站周边用地规划优化导向。

4.4.5 车站宜设在直线上。困难条件下，市域线和市区线车站可设在半径不小于 1 000 m 的曲线上，局域线车站可设在半径不小于 300 m 的曲线上。

4.4.6 车站应综合考虑线路运营需求，全线统筹考虑设置调度渡线、存车线、折返线、越行线等配线条件。

4.4.7 车站站台有效长度和宽度应根据客流预测和车辆编组等综合确定。标准站规模宜按表 4.4.7 进行控制，起终点站和需设配线的车站结合运营和安全需要确定用地控制范围。

表 4.4.7 车站规模规划控制标准(m)

线路等级		市域线	市区线	局域线	
系统制式		市域铁路、市域铁路、轨道交通	地铁、轻轨	胶轮自动导向车辆等	现代有轨电车
控制规模(长×宽)	地下站	300×30(普通站)	250×30	80×20	80×12
		650×45(越行站)			
	高架站	250×35(普通站)	250×30	80×20	80×12
		650×45(越行站)			
	地面站	250×35(普通站)	250×30	80×20	80×12
		650×45(越行站)			

4.5 用地控制

4.5.1 用地控制的主要对象应包括轨道线路正线、联络线、出入线、车站、中间风井、主变电所、控制中心、车辆基地等。

4.5.2 线路选线应划示轨道交通规划控制线。轨道交通规划控制线范围内应禁止新建、改建、扩建建(构)筑物。

4.5.3 沿地面和高架轨道交通两侧新建、改建、扩建居住建筑物，其后退线路轨道及车站外边线外侧距离除规划另有规定外，不得小于 30 m，并满足安全、环保、消防、卫生等要求。规划的地下车站与线路外边线外侧一般条件下 10 m 范围内，特殊困难条件下 6 m 范围内，不得进行新建、改建、扩建建(构)筑物。

5 车站规划

5.1 一般规定

5.1.1 车站选址应衔接周边规划建设动态，并纳入详细规划中。

5.1.2 车站选址应以轨道交通车站为核心，利用车站整合周边地区用地规划，促进车站核心开发区空间的一体化复合利用，合理确定用地的功能业态和开发强度，促进地区交通功能与城市生活服务功能的有机衔接。

5.1.3 车站选址应在明确车站方案设计的基础上，深化车站周边用地规划方案、轨道交通换乘方案、车站接驳方案、地下空间连通方案、车站附属设施规划方案等内容。

5.2 用地规划

5.2.1 车站周边地区用地规划应遵循以公共交通为导向的城市空间发展原则，按照便捷换乘、梯度开发、混合用地的规划策略，加强轨道交通与城市用地的衔接。

5.2.2 围绕轨道交通车站集聚城市功能，宜适度提高车站周边土地的开发强度，地上地下整体开发，打造紧凑集约、运行高效的城市格局。

5.2.3 宜结合轨道交通枢纽站和换乘站，服务或打造城市公共活动中心，并形成良好的绿化空间和步行环境。商业与服务设施用地宜与轨道交通车站统一布置。

5.2.4 宜基于轨道线网及车站等级，确定车站周边接驳交通设施用地规模并进行用地控制，保证交通设施与轨道交通车站合理衔接。

5.2.5 城市主中心核心区车站出入口密度宜达到 20 个/km²。城市副中心核心区车站出入口密度宜达到 15 个/km²。

5.3 换　乘

5.3.1 按照现行国家标准《地铁设计规范》GB 50157 的相关规定，换乘站应根据轨道交通线网规划、线路敷设方式、周边地上及地下环境、换乘量、续建工程的预留接口等因素，可选取同车站平行换乘、同站台平面换乘、站台上下平行换乘或站台间的“十”形、“T”形、“L”形、“H”形等换乘及通道换乘形式。在通道条件良好的情况下，对于换乘需求比较大的车站，优先选用平行换乘形式。

5.3.2 轨道交通线路间的换乘设施规模应以客流分析为基础，统筹客流疏散的安全性、平稳性等因素确定。换乘通道的有效宽度不宜小于 10 m，困难情况下不应小于 6 m。

5.3.3 三线以上大型换乘枢纽应设置换乘大厅，换乘区域的控制面积不宜小于 8 000 m²。

5.3.4 2 条及以上新建线路换乘车站之间应采用站内换乘；如果采用通道换乘，在保障安全的前提下，换乘通道长度不宜大于 100 m。新建线路与既有线路之间换乘宜采用站内换乘；如果采用通道换乘，应尽量缩短换乘通道长度。

5.3.5 新建线路与既有线路间的换乘时间宜控制在 5 min 以内。

5.4 交通接驳

5.4.1 车站接驳系统应满足安全、便利、立体、连续等要求，体现以人为本。

5.4.2 车站接驳系统应统筹协调轨道交通与常规公共交通、出租车、小汽车、非机动车、步行等接驳方式的关系，优化出入口，完善导引标志、保证接驳效率，通过接驳系统扩大轨道交通系统的服务范围。

5.4.3 车站不同接驳交通方式的优先级别为：自行车（含助动车）、常规公交、出租车、小汽车。

5.4.4 轨道交通综合枢纽站应同步考虑与铁路、民航、公路客运（省际客运）等重要对外交通枢纽的衔接，并应与对外交通枢纽统一规划、统一设计，宜同步建设或预留接口。

5.4.5 根据现行国家标准《城市轨道交通线网规划标准》GB/T 50546，轨道车站出入口至非机动车停车点、常规公交车站的步行衔接距离不宜大于 50 m。出租车上下客区宜结合常规公交车站设置。轨道车站出入口至小汽车停车场的步行衔接距离不宜大于 200 m。

5.4.6 轨道交通车站交通接驳规划的重点对象宜结合车站功能等级、城市区位等因素综合确定，详见表 5.4.6。

表 5.4.6 轨道交通车站交通接驳规划的重点对象

车站功能等级 城市区位	综合枢纽站	城市中心站/换乘站	一般站
中心城区	常规公交、自行车（含助动车）、小汽车	常规公交、自行车（含助动车）	常规公交、自行车（含助动车）
主城片区、新城	常规公交、出租车、小汽车	常规公交、小汽车	常规公交、小汽车
其他地区	常规公交、出租车、小汽车	小汽车	小汽车

5.5 连 通

5.5.1 按照现行上海市工程建设规范《轨道交通地下车站与周边地下空间的连通工程技术标准》DG/TJ 08—2169 的相关规定，地下车站与周边地下空间连通应符合表 5.5.1 的规定。

表 5.5.1 轨道交通地下车站与周边地区地下空间连通要素表

周边地下空间类型	地下车站区位			
	重点地区		一般地区	
	核心开发区	规划引导区	核心开发区	规划引导区
商业、商务办公	●	◎	◎	◎
文化、体育等公共设施	●	◎	◎	◎
居住区	◎	◎	◎	◎
公交枢纽	●	◎	◎	◎
公共地下停车库	◎	◎	◎	◎
对外交通(机场、铁路、港口、长途公交等)	●	●	—	—
地下广场、通道等地下人行系统	●	◎	◎	◎
与轨道交通人流活动无关或连通后或施工时易产生安全隐患的地下空间,包括地下机动车道、市政场站设施设备用房、仓储设施等	×	×	×	×

注:1. ●:必须连通;◎:宜连通;×:不连通;—:不存在。
2. 重点地区指城市主中心、城市副中心、地区中心、综合交通枢纽地区。
3. 核心开发区指地下车站站址边界线外侧 200 m 范围;规划引导区指地下车站站址边界线外侧 200 m~600 m 范围。

5.5.2 轨道交通枢纽站和换乘站车站每侧应至少控制 2 个连通口,与周边地下空间连通。连通口的规划宽度应满足远期客流需求,不宜小于 8 m,且应符合现行上海市工程建设规范《轨道交通地下车站与周边地下空间的连通工程技术标准》DG/TJ 08—2169 的相关要求。

5.6 车站附属设施

5.6.1 按照现行国家标准《地铁设计规范》GB 50157 的相关规定,轨道交通车站出入口布置应与主客流方向一致,且宜与过街天桥、过街地道、地下街、邻近公共建筑物结合或连通，统一规划设计，可同步或分期实施。轨道交通车站应兼顾人行过街功能。

5.6.2 轨道交通每条线路的车站应规划预留不少于4个出入口，每个公共区直通地面的出入口数量不应少于2个，同时应规划预留1部以上无障碍电梯的设置空间。出入口应根据客流预测考虑不均衡性，并考虑常规公共交通、自行车、出租车等接驳设施的预留空间。

5.6.3 轨道交通车站出入口宽度应以客流分析为基础，满足远期客流需求，且不宜小于6 m。

5.6.4 轨道交通地下车站应在车站两端各规划预留1组风井布设空间，其规模可按100 m^2/组控制。

5.6.5 轨道交通高架车站应预留2处过街天桥及1处设备用房设置空间。设备用房可设置于路侧或路中，其规模可按2 500 m^2/处控制。

5.6.6 当轨道交通车站出入口结合下沉广场设置时，宜将风井、冷却塔纳入下沉广场的整体规划设计范围。

5.6.7 车站风井和出入口有条件时，宜与周边建筑结合设置；无建筑结合时，宜优先整合；不具备上述两个条件的情况下，可独立设置。

6　车辆基地规划

6.1　规划选址

6.1.1　车辆基地选址应位于城市开发边界内，并考虑综合开发利用。布局形式应优先考虑立体化。

6.1.2　车辆基地选址应具备与正线间良好的接轨条件，有利于市政管线的引入，便于和城市道路的连接，宜避开工程地质和水文地质条件不良地段。

6.1.3　车辆基地选址应节约集约利用土地，与周边城市环境和生态空间相协调，车辆基地内功能布局和用地布置应力求紧凑、经济、实用。

6.2　规划布局

6.2.1　单个停车场、定修段的用地形状宜为梯形，梯形高不宜小于 1 000 m，梯形底边宜为 100 m～200 m；单个车辆段的用地形状宜为梯形，梯形高不宜小于 1 200 m，梯形底边宜为 200 m～300 m。

6.2.2　车辆基地的规模应满足其停车和检修能力，并考虑线路长度、行车间隔以及检修周期等因素。车辆基地占地面积指标应按表 6.2.2 进行规划控制。其中，市区线相关指标上限值应满足现行行业标准《城市轨道交通工程项目建设标准》建标 104 中的相关要求。

表 6.2.2 车辆基地选址用地规模指标表(m^2/车)

选线规划阶段	市域线	市区线	局域线
车辆段	1 040～1 300	800～1 000	500～600
定修段	780～1 170	600～900	400～550
停车场	520～780	400～600	300～400

6.2.3 车辆基地综合开发利用应在提升城市整体环境品质和资源共享水平的框架下进行统筹,与周边环境和地区发展需求相适应,并充分考虑城市保障性、公益性功能。

6.2.4 车辆基地综合开发利用的开发导向和功能业态,应符合国土空间总体规划确定的空间分区管制及发展策略,并在单元规划和详细规划阶段深化明确。开展居住、商办等会产生较大客流需求的综合开发利用,宜开展专题客流分析,统筹考虑车辆基地与车站结合设置,以方便乘客使用轨道交通、减少接驳设施的配置和接驳交通量。

6.2.5 车辆基地规划布局宜统筹利用铁路等设施资源,集约利用土地和相关检修资源。

7 主要附属设施规划

7.1 主变电所

7.1.1 主变电所应位于负荷中心，并尽可能设置在换乘车站周边或车辆基地等轨道交通用地内。需要结合电力系统的供电资源，研究多条轨道交通线路共享主变电所的可能，一般情况下，共享的主变电所可为不超过 3 条线路供电。

7.1.2 主变电所供电半径按 25 km～30 km 考虑。当一座主变电所故障时，相邻主变电所可同时承担故障主变电所所辖的一、二级负荷。

7.1.3 市区变电所宜采用全户内或半户内式多层建筑，并与城市规划相协调，主城区、新城内宜考虑规划建设地下变电所。

7.1.4 主变电所按照每处 60 m×40 m 的用地规模进行规划控制。

7.1.5 共享主变电所，其土建结构、配套的环控、消防、风、水、电等相关设施的建设，须按照“最终规模一次建成”的原则实施。共享主变电所宜采用建筑及 110 kV 外线电源共享的模式，各线路的主变压器设置可相对独立或共享。

7.2 控制中心

7.2.1 市域线、市区线宜结合线网布局各设置一处全网控制中心。局域线可分区域设置多处网络控制中心。

7.2.2 线路控制中心宜根据线路规模，选择采用一条线路单独布设一座控制中心，或多条线路共同布设一座控制中心。

7.2.3 线路控制中心可监控管理单条或多条轨道交通线路，建设模式和规模应依据线网规划和线路的具体情况进行设置。

7.2.4 新建市域线和市区线的线路控制中心原则上应结合车辆基地设置，不另行选址。

7.2.5 服务于单线的线路控制中心建筑面积不应超过 3 000 m^2；服务于双线的线路控制中心建筑面积不应超过 5 500 m^2；服务于三线的线路控制中心建筑面积不应超过 8 000 m^2；网络控制中心应根据轨道交通线网总规模具体确定，并考虑预留扩建可能。

本标准用词说明

1 为便于在执行本标准条文时区别对待，对要求严格程度不同的用词说明如下：

1） 表示很严格，非这样做不可的用词：
正面词采用“必须”；
反面词采用“严禁”。

2） 表示严格，在正常情况下均应这样做的用词：
正面词采用“应”；
反面词采用“不应”或“不得”。

3） 表示允许稍有选择，在条件许可时首先应该这样做的用词：
正面词采用“宜”；
反面词采用“不宜”。

4） 表示有选择，在一定条件下可以这样做的用词，采用“可”。

2 条文中指明应按其他有关标准执行的写法为“应符合……的规定”或“应按……执行”。

引用标准名录

1 《地铁设计规范》GB 50157

2 《城市轨道交通线网规划标准》GB/T 50546

3 《城市公共交通分类标准》CJJ/T 114

4 《城市轨道交通工程项目建设标准》建标 104

5 《轨道交通地下车站与周边地下空间的连通工程技术标准》DG/TJ 08—2169

上海市工程建设规范

轨道交通规划设计标准

DG/TJ 08—2325—2020
J 15385—2020

条 文 说 明

2021 上海

目　次

Contents

1 总 则

1.0.2 本条规定了本标准的适用范围。空间范围上，本标准适用于上海市行政辖区范围；规划内容上，本标准适用于国土空间规划体系内轨道交通领域总体规划层次和详细规划层次专项规划的编制。

2 术 语

2.0.1 本标准中轨道交通指的是以本市为主运营的公共交通方式。

2.0.2 本市轨道交通线网包含了市域线、市区线和局域线三个功能层次。市域线主要服务于主城区与新城及近沪城镇、新城之间的快速、中长距离联系，并兼顾主要新市镇。市区线主要服务主城区主要和次要客流走廊，满足大运量、高频率和高可靠性的公交需求。局域线主要作为大容量快速轨道交通的补充和接驳，或服务局部地区普通客流、中客流走廊，提升地区公交服务水平。

2.0.9 关于车站密度中车站数量计算，若为两线换乘站，计为2座车站；若为三线换乘站，计为3座车站；以此类推。若车站位于规划范围边界上，车站数量按一半计算。

2.0.18 为了将不同轨道交通模式的车辆基地相关术语统一，本标准将采用市域铁路制式的动车存车场、动车运用所和动车段的名称统一表述为停车场、定修段和车辆段。

2.0.24 连通的具体形式包括地下通道连通、共墙连通、下沉广场连通、垂直连通、一体化连通和高架连廊等。

3 线网规划

3.1 一般规定

3.1.2 本条规定了一般情况下轨道交通线网规划的规划年限。远景轨道线网布局主要应对城市远景年的交通出行需求，在线网规划的基础上，结合城市人口及用地规模，提出总体框架性方案。

3.1.4 在确定线网规模时，匡算应根据国土空间总体规划确定的城市人口、用地规模，并充分考虑流动人口因素和诸多不可预见因素，弹性地考虑城市实有人口，从交通的服务人群来考虑人口因素，同时参考国内外大都市轨道交通规划指标，对服务水平、出行需求和投资能力等方面进行综合分析考虑。

3.3 规划目标

3.3.1 轨道交通车站直接覆盖人口、岗位数量决定了线网的直接服务范围。根据现行国家标准《城市综合交通体系规划规范》GB/T 51328，“大于 1 000 万人的城市，城市集中建设区轨交车站 800 m 半径范围内覆盖人口与就业岗位占总人口与就业岗位的比例，宜≥50%”。

本标准同时参考了国内外类似城市的发展经验，《新加坡陆路交通发展总蓝图(2013 版)》中提出，“10 户家庭之中有 8 户只需要步行不超过 10 分钟就可以达到地铁或轻轨站”。《香港铁路发展策略(2014 版)》也提出，“铁路服务将覆盖本地超过 70%人口居住的地区”。

结合上海综合交通发展特征，本标准将主城区车站 600 m 半径范围内覆盖的人口、岗位占主城区总人口、总岗位的比例确定为"应分别大于 50%和 55%"。考虑到新城人口、岗位分布特征，均取值为 40%。

3.3.2 本条主要规定线网规划的出行时间目标。轨道交通在城市公共交通中应扮演快速运输的角色，在现行国家标准《城市综合交通体系规划标准》GB/T 51328 中明确提出，"规划城市人口规模≥1 000 万人时，城市公交出行者的单程出行时间宜满足：85%的全目的公交出行时间最大值为 50 min，85%的通勤公交出行时间最大值为 60 min。城市轨道交通线网规划应满足高峰期城市 85%的轨道交通内部出行时间不大于 40 min"。

《上海市城市总体规划（2017—2035 年）》中也明确提出"至 2035 年，全市公共交通站全方式出行比重达到 40%（这里公共交通包括轨道交通、公交车、班车和出租车），平均通勤时间不超过 40 分钟"的规划目标。从现状来看，2015 年 4 月，上海轨网通勤用户的系统内单程平均出行时间为 34.8 min，85%分位数为 51.8 min。从进一步优化轨道交通系统服务功能、提升快速运输服务品质的角度，本条将高峰期 85%的乘客在轨道交通系统内部的单程出行时间目标值定为 40 min。

3.3.4 《上海市城市总体规划（2017—2035 年）》中提出，构建"城市主中心、主城副中心、地区中心以及社区中心"四级中心体系。在主城区范围内，新增张江、金桥、虹桥、川沙、宝山、闵行 6 个主城副中心，城市主中心与主城副中心之间的轨道交通内部出行时间基本在 30 min 以内，相邻主城副中心之间现状轨道交通现状半数超过 30 min。结合总体规划提出的中心城平均通勤时间不超过 40 min 的发展目标，本标准将该时间目标值设定为 30 min。

表 1　部分相邻城市副中心之间的现状轨道交通出行时间(单位:min)

序号	区间	时间
1	真如—五角场	40
2	真如—虹桥	40
3	花木—张江	10
4	张江—金桥	30
5	张江—川沙	20
6	虹桥—闵行	50
7	五角场—宝山	50

表 2　新城及核心镇与相邻主城区副中心或主要对外交通枢纽间现状轨交出行时间(单位:min)

序号	区间	时间
1	嘉定新城—真如	30
2	松江新城—上海南站	60
3	青浦新城—虹桥	30
4	奉贤新城—闵行	40
5	金山滨海—上海南站	34
6	南汇新城—龙阳路	60
7	城桥—金桥	暂无轨道

《上海市城市总体规划(2017—2035 年)》确定了 5 座新城和 2 个核心镇。按照现状及在建轨道交通线网,总体上具备了 30 min 内到达邻近主城副中心或主要对外交通枢纽的条件。结合新一轮总体规划提出的“新城与主城区之间轨道出行时间控制在 30～40 分钟”的规划目标,本标准将该时间目标值设定为 30 min。

3.4　线网结构布局

3.4.1　线网规划编制中应结合分阶段发展要求测算分阶段轨道

交通发展规模，通常包括近期、中期、远期、远景四个阶段的线网规模。

3.4.2 线网规模通常可以采用案例借鉴法、客流需求法、人均线路长度法、线网密度法等多种方法综合确定。

3.4.3 市域线服务于主城区与新城及近沪城镇、新城之间的快速、中长距离联系，并兼顾主要新市镇。市域线线路长度宜大于45 km，线路远期高峰小时客流强度宜达到0.7万人次/h・km，设计时速应不低于100 km/h，旅行速度应不低于45 km/h，平均站间距不宜小于3 km，在主城区和新城范围内可适当缩小站间距，保障与网络中其他线路的便捷换乘。

根据总体规划对于市域线的功能要求，市域线设计速度为100 km/h～250 km/h。考虑到市域线车辆制式选型有市域铁路、城市轨道快线等制式，设计速度选择较多，以120 km/h、160 km/h和200 km/h三种设计速度作为规划阶段的参考。

市区线服务主城区主要和次要客流走廊，满足大中运量、高频率和高可靠性的公交需求。市区线线路长度宜设置为25 km～45 km，线路远期高峰小时客流强度应达到2.0万人次/h・km，线路设计时速应不低于60 km/h，旅行速度应不低于30 km/h，平均站间距宜设置为0.6 km～1.5 km。

局域线在主城区内作为市域线和市区线的补充，在新城、新市镇作为地区骨干公交系统，提升地区公交服务水平。局域线线路长度宜设置为10 km～25 km，线路远期高峰小时客流强度应达到0.5万人次/h・km。线路设计时速宜达到50 km/h～80 km/h，旅行速度应不低于20 km/h，平均站间距宜设置为0.4 km～1.5 km。

其中，市域线站间距部分由于国内研究积累仍较为薄弱，本标准适当参考了东京都市圈的发展经验，东京都市圈JR线平均站间距2.91 km，私铁平均站间距1.72 km，而地铁平均站间距1.14 km。

本条中的旅行速度指站站停普通列车的旅行速度。

3.4.5 本条相关技术指标主要结合上海新一轮城市总体规划中关于主城副中心至少有 2 条轨道交通直接服务的要求，参考了北京、上海、武汉等城市中心、副中心轨道交通建设规划情况，并考虑一定的规划发展弹性确定。主要参考数据见表 3。

表 3 国内主要城市主中心、副中心核心区轨道交通配置情况

中心名称	轨交线路条数	轨交车站数/多线换乘站	车站密度(个/km^2)
北京国贸 CBD	3	5/1	1.3
上海人民广场	3	9/4	1.4
上海徐家汇	4	4/3	1.5
武汉江汉路	3	5/2	2.3
武汉洪山广场	3	7/2	2.2
武汉建设大道	4	3/2	1.5

城市主中心核心区和副中心核心区主要指主中心和副中心规划范围中以商务商办为主导功能的区域，其中副中心核心区通常面积为 1.0 km^2～1.5 km^2。

3.4.6，3.4.7 此两条规定了轨道交通线网与航空枢纽、铁路枢纽的衔接关系。参考 2015 年国家发改委发布的《城市轨道交通规划编制和评审要点》，“大型铁路客站和机场要规划城市轨道交通引入，规划年发送量 2 500 万人次以上的铁路客站应研究引入多条线路的必要性；衔接普通机场优先考虑复合功能线路，衔接规划年吞吐量超过 5 000 万人次的机场，研究设置专用线路的必要性”，结合上海实际经验确定本标准值。

3.4.8 市区线和局域线通道以服务地区客流需求为主，站间距较小，若沿高速公路、城市快速路布设，受道路条件、两侧用地条件影响，较难体现市区线和局域线的服务要求。

3.4.10 轨道交通与市政干管布局上应秉持“安全第一、功能合理、公交优先”的基本原则。具体布局原则如下：

（1）轨道交通选线在平面和纵向上与市政干管产生矛盾或存在安全隐患时，原则上应优先确保轨道交通线路选线和运营安全要求。

（2）对于轨道交通线路选线涉及的现状市政干管，应在确保线路服务功能、保障二者间的安全距离前提下优化轨道交通线路选线方案；若两者仍存在矛盾或安全隐患，应在专项规划及工程方案阶段开展专题研究，通过增加工程隔离措施、对管线局部搬迁调整等措施避免两者矛盾、规避安全隐患，并征询相关部门意见。

（3）对于轨道交通线路选线涉及的规划市政干管，原则上市政干管的选线应满足轨道交通线路的布置要求；若二者仍存在矛盾或安全隐患，需开展专题论证，并征询相关部门意见。

3.4.11 通过对北京、上海、广州等城市轨道交通网络运营评估，发现外围放射型线路仅在一个车站接入主城区线网络中时，高峰时段换乘车站客流大，运营风险高，存在大客流安全隐患。外围放射型线路接入主城区线网应采用多点多线（即与主城区线网存在多个换乘点、多条换乘线路）换乘方式，不宜采用单点单线换乘。

3.4.12 线网规划阶段应在物理线网通道布局基础上开展网络层面运营组织研究，从客流分析角度确有跨线运营需求的线路通道间，应研究设置正线联络线，形成跨线运营，并统筹考虑客流需求规模、运行间隔等相关因素的要求。

3.5 方案评价

3.5.2 线网规划方案评价应对轨道线网各方面技术指标进行综合评价，主要内容应包括网络基本指标、空间结构衔接、交通方式结构、出行可达性、轨交车站覆盖水平、线网客流效益、网络整体运行等。

3.6　车辆基地布局

3.6.1　线网车辆基地资源共享主要考虑以下几点原则：

（1）应充分利用既有线网中车辆厂架修能力、车辆联络通道，在现有网络基础上进行资源共享研究。

（2）应充分考虑资源共享方案的可实施性、可操作性；车辆转线遵从转线距离最短、转线次数最少、转线时间最短的原则。

（3）应充分考虑线网厂架修能力预留，为以后的线网调整留有弹性余地。

（4）线网不同车型的车辆架大修在线网中进行统筹规划，整个线网的车辆架大修宜相对集中，以提高架大修设备和设施的利用率，减少网络架大修车辆段的设置数量，节省线网整体用地和投资。

（5）线网车辆架大修资源共享以不同车型进行分类，一个车辆段原则上只检修同一种车型的架大修车辆。新建车辆段的架大修规划控制规模，通常以承担线网资源共享线路的远期配属列车数进行控制。总图布置应预留架大修规模的扩建余地，以适应线网发展的需要。

（6）线网车辆通道是实现网络车辆基地资源共享的必要条件。车辆通道将单一线路连接成线网整体，提供线网车辆基地资源共享条件。线网车辆通道的设置应满足近远期不同情况下的资源共享要求。

（7）线网车辆基地资源共享包括车辆基地共址基础设施资源共享、架大修资源共享、专用维护设备资源共享、综合维修基地资源共享、物资仓储资源共享、培训中心资源共享等。

线网规划阶段停车场和定修段统一按停车场考虑布局。

3.6.3　本条规定了在线网规划阶段对于车辆基地用地指标的控制要求。市域线部分主要考虑其发车频率在市区线基础上有所降低，导致单位长度线路的配车数量降低，进而引起车辆基地用地指标有所降低。局域线部分参考现行国家标准《城市综合交通体系规划标准》GB/T 51328 中“城市有轨电车车辆基地占地面积宜按每千米正线 0.3 hm^2～0.5 hm^2 控制”，并借鉴法国相关经验数字确定。

3.7 用地控制

3.7.2 轨道交通沿线地区土地一般指区间线路两侧约 400 m 及车站周边半径 600 m 的步行圈范围中，其中绝大部分均位于城市空间发展规划中的建设用地。对沿线地区土地使用的控制要求是：对轨道交通走廊沿线土地使用调整进行研究，科学安排、合理布局轨道交通影响区内的用地，初步确定沿线地区可开发用地的规模，制定车站周边各地块开发控制要素的参考指标，并提出规划调整意见。

4　线路规划

4.1　一般规定

4.1.1　为保障轨道交通线路客流效益，提升车站对周边用地的服务功能，线路选线专项规划阶段应协调轨道交通与沿线用地的关系：对于控制性详细规划未编制地区，建议同步启动用地规划编制工作；对于控制性详细规划已编制地区，结合规划用地分析，对用地规划调整和更新。

4.2　客流分析与评价

4.2.1　本条主要规定了线路客流分析的主要内容。选线专项规划阶段的客流预测，重点解决客流需求规模，确定建设时机、建设规模、建设效益，并对线路长度、车辆选型、列车长度、车站规模等有基本判断，对工程总体规模、造价、经济效益有较准确的估计。

全日客流是用来评定一条线路运营的客流效益的基本数据。各小时段的客流量及其比例是查阅高峰小时系数和其他时段的系数，评价全日客流的均衡性的指标，也是对全日行车组织的指导和设计依据。

全日平均运距和全日客流量的乘积是全日乘客周转量，同时等于全日各级运距与其相应客流量的乘积之和，这是衡量线路效益特征的重要指标，是研究运营成本和计程票价的重要依据。

平均客流负荷强度是全日客运量按线路长度分摊客运量的指标，是评价线网中各条线的客运效率进行对比的指标，同时作为对线路全日运量预测值总量的经验判断指标，避免预测数据离奇而不可信。对运距较长的市域线，评判其客流效益也可以综合考虑其客流密度。

4.2.2 本条主要规定了车站客流分析的主要内容。应根据具体车站的交通需求特征有所侧重，但交通需求分析并不限于本条规定的内容。

4.3 线 路

4.3.1 本条规定了线路选线规划的基本原则和内容。线路规划应以线网规划中明确的线路功能定位为指导进行选线，确定线路主要技术标准，包括旅行速度、线路长度、车站间距和车辆制式等，这些技术标准是实现线网功能定位、网络布局要求的关键基础，是后续线路工程方案研究的基本前提。

4.3.3 线路全程指上海市域范围内，根据轨道交通线网规划中确定的线路起讫点。跨线、跨省运营时间根据本标准表 3.4.3 中旅行速度要求进行论证。

4.3.4 目前，上海市轨道交通车辆制式主要有 A 型车和 C 型车(5 号线、6 号线及 8 号线)和胶轮自动导向车辆(浦江线)，本条综合考虑客流等需求，提出车辆选型制式。

4.3.5 本条是按三类线路功能层次，汇集了市域铁路、地铁、有轨电车等相关线路工程设计规范的主要技术标准，并纳入本标准表 4.3.5。考虑到市域线车辆制式选型有市域铁路、城市轨道快线等制式，设计速度选择较多，本条选择 120 km/h、160 km/h 和 200 km/h 三种设计速度作为规划阶段的参考，具体选型将在工可阶段明确。为预留规划弹性，规划阶段地下线路线间距暂按单圆双洞的布置形式考虑。

4.3.7 本条规定了轨道线路敷设方式的主要选择原则。

1 地下线、高架线占用地面空间较小，地面线存在“占用地面较宽，阻断道路交通”的缺陷。应根据城市总体规划和地理环境条件，因地制宜选定线路敷设方式。根据现行国家标准《地铁设计规范》GB 50157，线路敷设方式应根据城市总体规划和地理环境条件，因地制宜选定。在城市中心区宜采用地下线；在中心城区以外地段，宜采用高架线；有条件地段也可采用地面线。结合上海市新一轮城市总体规划，在城市主城区、新城，发展成熟，为商贸繁华、交通量大、建筑密集的地区。同时往往是现有道路宽度有限，地下管线繁多，拆迁难度大，对工程实施制约因素甚多。为避免施工和后续运营对城市交通、环境和居民生活产生过大影响，一般采用地下线为主。在主城区以外地段，当在道路红线较宽(达 50 m 以上)的城市干路上，宜采用高架线。此外，由于轨道交通线路是全封闭系统，设地面线会占用地面道路资源，对城市道路切割阻断，影响城市道路交通功能，因此地面线的运用应作全面分析。

2 车辆基地、主变电所等设施也应根据周边用地规划和环境，因地制宜地采用敷设方式。

4.4 车 站

4.4.1 综合枢纽站指综合对外交通枢纽配套的轨道车站；城市中心站指城市中心及副中心的轨道车站；换乘站指除综合枢纽站和城市中心站以外的两线及以上的换乘车站；一般站指无其他轨道交通换乘的车站。

4.4.2 车站分布原则上应根据大客流吸引点有效范围而定，又要考虑旅行速度，此与站间距密切相关。同时要避免对单个车站客流过于集中，适当分散为宜。总体上来看，原则上应以方便乘车、提高客流效益为目的。线路规划的平均站间距，应考虑线路的不同功能定位，以实现线路的时间服务目标。

4.4.3 市域线作为服务于主城区与郊区城镇之间的快速联系的长大线路，在主城片区和新城站间距以 1.5 km～3.0 km 为宜，在郊区不宜小于 3 km；市区线作为服务主城区内大客流走廊的线路，参考巴黎地铁（地铁线网长约 214 km，平均站间距 0.6 km）和既有上海市轨道交通线网（主城区内各条线路平均站间距约 1.2 km～1.4 km）情况，考虑到未来市区线的服务功能，在主城片区和新城站间距以 0.6 km～1.2 km 为宜，在郊区应根据具体情况适当加大站间距，以 1.5 km～2.0 km 为宜；局域线作为大容量快速轨道交通的补充和接驳，站间距可适当缩小。若采用现代有轨电车制式，可结合沿线用地规划情况，适当选用表中低值。若采用胶轮自动导向车辆等制式，可适当选用表中高值。

4.4.4 根据《关于推进上海市轨道交通场站及周边土地综合开发利用的实施意见（暂行）》（沪发改城〔2014〕37 号）的相关要求，“加强规划统筹，轨道交通场站及周边地区控制性详细规划编制中，按照公共交通导向开发的理念，实现轨道交通场站与地区开发功能之间的紧密衔接。规划统筹范围，原则上不小于轨道交通场站周边 500 m 范围，具体在控制性详细规划编制中予以明确”。故本条规定应对车站周边 600 m 半径范围内用地情况进行评估。

4.4.7 本条对车站规模进行了规定，主要为站台有效长度和宽度。一般情况下，标准站规模应按图 1 进行控制，起终点站和需设配线的车站需要结合运营和安全需要确定用地控制范围。

线路等级	车站形式	控制规模（长×宽）	
市域线	地下站		 越行站
	高架站 地面站	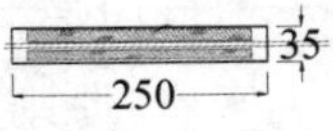	
市区线	地下站 高架站 地面站		

图 1　轨道交通市域线和市区线标准站规划方案示意图（单位：m）

4.5 用地控制

4.5.1 城市轨道交通工程是城市重大基础设施项目，一些城市在建设城市轨道交通工程项目时，由于没有预留城市轨道交通设施用地，带来巨额拆迁费用。对城市轨道交通设施用地提出规划控制原则和具体要求，是城市轨道交通线网规划编制工作的主要任务之一，目的是预留与控制城市轨道交通设施的建设用地，城市在建设城市轨道交通工程项目时可减少大量拆迁费用，节约工程建设资金。

在城市轨道交通线网规划编制阶段，用地控制规划的内容深度难以满足城市规划管理工作所需的内容深度要求，在城市轨道交通线网规划编制完成后，尚应编制城市轨道交通设施用地的专项控制性规划，城市轨道交通各类建设用地应在城市控制性详细规划中落实。

城市轨道交通设施的建设用地，原则上不能改作他用。对城市轨道交通规划建设用地进行临时利用时，在其规划建设用地内不应建设永久性建筑。

4.5.2 轨道交通规划控制区内不得擅自新建、改建、扩建建(构)筑物。确需新建、改建、扩建建(构)筑物的，市和区规划和自然资源行政管理部门应当书面征得市交通行政管理部门同意后，依法作出审批。

5 车站规划

5.1 一般规定

5.1.2 结合《城市轨道沿线地区规划设计导则》(2015 年)第 3.2.3 条"站点层面规划设计引导目标"相关内容对车站选址规划内容进行明确。其中,车站核心开发区指地下车站站址边界线外侧 200 m 范围。

5.2 用地规划

5.2.5 主要针对城市主中心核心区和副中心核心区提出车站出入口密度指标要求。具体指标参考上海、香港等城市相应指标确定,详见表 4。

表 4 典型城市主中心、副中心核心区轨道交通出入口配置情况

中心名称	轨交线路条数	轨交车站数/多线换乘站	车站密度(个/km^2)	出入口密度(个/km^2)
上海人民广场	3	9/4	1.4	19
上海徐家汇	4	4/3	1.5	16
香港中环	4	4/4	2.0	15

5.3 换 乘

5.3.1 参照国家标准《地铁设计规范》GB 50157—2013 第 9.2.3 条:

“换乘车站应根据地铁线网规划、线路敷设方式、地上及地下周边环境、换乘量的大小等因素，可选取同车站平行换乘、同站台平面换乘、站台上下平行换乘、站台间的‘十’形、‘T’形、‘L’形、‘H’形等换乘及通道换乘形式。”站台与站台间的换乘应同步设计、同步实施。由于预留轨道交通车站的站台宽度、限界净空及线路位置等均受到制约，在轨道交通线网规划阶段，当两条线路相交汇时，对预留线路要有一定的研究深度，避免预留工程的不合理设置和投资浪费。

对于站厅与站厅间的换乘形式，由于站厅对下车客流有分流作用，减少了站台上的人流交织，乘客在站台的滞留时间减少，可避免站台因行车延误造成的拥挤，同时可增加站台有效使用面积，有利于控制站台宽度规模。

当两条换乘的轨道线路中有一条线路的线、站位方案不明确，或两条线路分期实施、年限不定时，宜采用通道换乘。

在实际应用中，通常采用两种或两种以上换乘形式的组合，达到完善换乘条件、方便乘客使用、降低工程造价的目的。

5.3.4 新建轨道交通线路与既有轨道交通线路间的换乘规划方案，应体现安全、方便、快捷原则，不同线路站台之间的步行换乘时间不宜大于 3 min。根据在地铁换乘通道中的平均步行速度 0.9 m/s～1.0 m/s 推算，考虑到一定的站台长度等因素，提出站台间的换乘距离不宜大于 100 m。通道换乘示意图如图 2 所示。

如果换乘距离超过 100 m，应研究增设辅助系统（例如行人自动传送带）的必要性和可行性。

5.3.5 换乘时间是直接衡量换乘是否高效的重要指标。对于规划新建车站，应引导新建车站与既有车站实现便捷换乘。基于上海已有换乘车站换乘时间和乘客出行心里感知，选取 5 min 作为指标上限。

考虑到不同年龄结构人的走行速率不一、时间差距很大，可

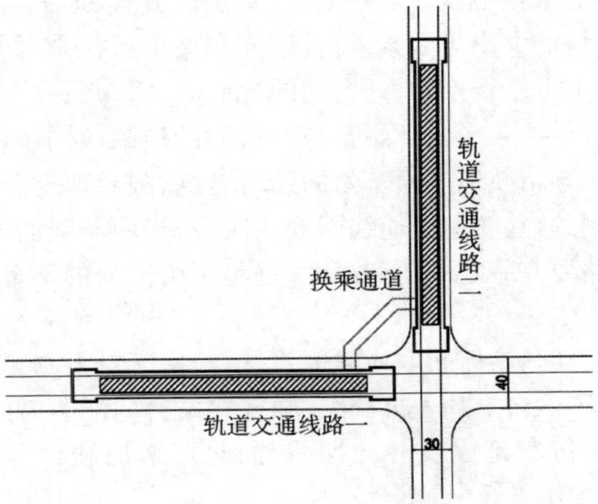

图 2　轨道交通线路换乘通道示意图(单位:m)

以按照新建线路与既有线路间的换乘走行距离不大于 300 m 进行规划控制。若受外部条件限制,换乘距离超过 300 m,则应补充自动步道等措施使换乘时间控制在 5 min 以内。

5.4　交通接驳

5.4.3　根据《上海市城市轨道交通车站接驳交通设施规划设计导则》(2015 年)第 3.2 节和《城市轨道沿线地区规划设计导则》(2015 年)第 6.5.2 条第 5 款,提出上海市城市轨道交通车站不同接驳交通方式的优先级别为:自行车(含助动车)、公交车、出租车、小汽车。

5.4.5　根据《城市轨道沿线地区规划设计导则》(2015 年)第 6.5.2 条第 5 款:"……各类设施与轨道站点出入口距离应符合以下要求:自行车停车场与站点出入口的步行距离宜控制在 50 m 以内;公交换乘场站与站点出入口的步行距离宜控制在 150 m 以

内；出租汽车上下客区与站点出入口的步行距离宜控制在 150 m 以内；小汽车停车场与轨道站点出入口的步行距离宜控制在 200 m 以内。”结合上海市实际情况进行适当调整。截至 2017 年，全市轨道交通车站周边 50 m、100 m 半径内提供公交服务的比例分别为 75%和 89%；新建轨道交通车站周边 50 m 范围内已全部实现公交线路配套。从公共交通优先发展的理念出发，为进一步提升轨道交通与常规公共交通的换乘衔接效率，提出轨道车站出入口至常规公交车站的步行衔接距离不宜大于 50 m。

5.4.6 轨道交通车站的接驳设施应体现区域差异，以充分发挥轨道交通车站在不同区域的辐射作用。

5.5 连　通

5.5.1 本条文参照上海市工程建设规范《轨道交通地下车站与周边地下空间的连通工程技术标准》DG/TJ 08—2169—2015 中表 4.2.2 地下车站与周边地下空间连通适应性制定。

5.5.2 本条文参照上海市工程建设规范《轨道交通地下车站与周边地下空间的连通工程技术标准》DG/TJ 08—2169—2015 第 5.2.2 条第 2 款：“连接通道的宽度，应根据通道的预测客流、通道的服务水平、以及场地条件等确定，并应符合下列要求：1）连接通道的净宽不宜小于 4 m；2）设有行人自动输送带的连接通道净宽不得小于 8 m。”制定。

5.6 车站附属设施

5.6.1 本条文参照国家标准《地铁设计规范》GB 50157—2013 第 9.5.2条：“车站出入口布置应与主客流的方向相一致，且宜与过街天桥、过街地道、地下街、邻近公共建筑物相结合或连通，宜统一规划，可同步或分期实施，并应采取地铁夜间停运时的隔断措施。当出人口兼有过街功能时，其通道宽度及其站厅相应部位设计应计入过街客流量。”制定。

5.6.2 本条文参照国家标准《地铁设计规范》GB 50157—2013 第 9.5.1 条“车站出入口的数量，应根据吸引与疏散客流的要求设置；每个公共区直通地面的出入口数量不得少于两个”和第 9.8.2 条“车站应设无障碍电梯”，因此应规划预留无障碍电梯的设置空间”设置。

5.6.4 在已编的上海市轨道交通专项规划中，通常在车站两端各预留 1 组车站风井，并按 100 m^2/组控制规模。

5.6.6～5.6.7

1 国家标准《地铁设计规范》GB 50157—2013 第 9.6.1 条规定，“地下车站应按通风、空调工艺要求设置进风亭、排风亭和活塞风亭。在满足功能的前提下，根据地面建筑的现状或规划要求，风亭可集中或分散布置，风亭宜与地面建筑结合设置，但被结合建筑应满足地铁风亭的技术要求。”在本标准中，建议风井、冷却塔可结合下沉广场设置。第 9.6.7 条规定，“对于有特殊要求的地段，冷却塔可采用下沉式或全地下式，但应满足工艺要求。”

2 根据地铁设计规范中的导向，风井、冷却塔宜结合下沉广场设置。

6 车辆基地规划

6.2 规划布局

6.2.1 采用城市轨道交通制式线路的车辆基地，当需要配置试车线时，应结合周边用地情况统筹考虑试车线布置要求。

6.2.2 根据行业标准《城市轨道交通工程项目建设标准》建标104—2008，城市轨道交通A型车和B型车的车辆基地用地指标为：车辆基地（厂架修、设备维修）1 000 m^2/车、车辆段（定修级）900 m^2/车、停车场 600 m^2/车（表5）。

表5 车辆基地用地指标表(单位：m^2/车)

车型	A、B
车辆基地（厂架修、设备维修）	1 000
车辆段（定修级）	900
停车场	600

本标准以现行国家标准《地铁设计规范》GB 50157 为基础，本着节约集约利用土地的发展要求，参考近年来上海市及国内类似城市车辆基地用地指标情况，采用更为紧凑的功能布局，在满足规范要求的前提下，进一步缩减车辆基地用地规模，提出市区线车辆基地用地指标为：车辆基地（厂架修、设备维修）为（800～1 000）m^2/车、车辆段（定修级）（600～900）m^2/车、停车场（400～600）m^2/车。

上述市区线用地指标以行业标准《城市轨道交通工程项目建设标准》建标 104—2008 为上限，考虑到上海市土地资源日益紧张，而国内已有多个城市多个车辆基地低于国标标准，深圳和成都的多个车辆基地利用立体建设方式更是大幅低于国标标准，因此提出上海市车辆基地用地指标下限值，也是用地指标推荐值。该指标与2013年颁布的《深圳市城市规划标准与准则》中对轨道交通车辆基地用地指标指标亦较为吻合。

表6 《深圳市城市规划标准与准则》车辆基地用地指标表(单位：m^2/车)

车型	A、B型车
车辆基地(厂架修、设备维修)	900～1 000
车辆段(定修级)	700～800
停车场	400～500

表7 上海市及国内类似城市车辆基地用地指标表(单位：m^2/车)

城市	车辆基地名称	是否综合开发利用	用地指标	车型
上海	川沙停车场	否	528	A
上海	浦江镇停车场	否	502	C(小型车)
上海	松江有轨电车车辆基地	否	420	有轨电车
深圳	蛇口西车辆段	是	730	A
深圳	龙胜车辆段	是	685	A
深圳	凉帽山车辆段	是	515	A
成都	崔家店车辆段	是	444	A

表8 市域铁路与地铁车辆基地设计参数对比表

车辆类型	车场线		停车库	车辆尺寸	设计速度(km/h)
	最小转弯半径(m)	咽喉区道岔	线间距(m)	长×宽(m×m)	
地铁A型车	150	7#	4.0	22.8×3.0	80
市域铁路CRH6	350	12#	4.6	24.5×3.3	160

6.2.3 根据2016年上海市发展和改革委员会和上海市规划和国土资源管理局发布的《关于推进上海市轨道交通场站及周边土地

综合开发利用的实施意见》,提出场站综合开发利用应优先保证公益性公共服务设施安排。

6.2.4 对于具备车辆基地综合开发利用可能性的城市区位,综合开发利用与城市空间区位开发导向见表10。

表10 综合开发利用与城市空间区位开发导向表

空间区位		综合开发利用导向
城市开发边界内	除战略预留区外的建设用地	衔接上位规划和综合开发利用导向,在满足交通、安全、环保的前提下,可布置公共服务设施、居住、商业、商务办公、市政及交通设施、绿地等功能业态
	战略预留区	预留综合开发利用条件
	限制建设区	禁止对主导生态功能产生影响的开发建设活动,控制线性工程、市政基础设施和独立型特殊建设项目用地
城市开发边界外	禁止建设区	禁止影响生态功能的开发建设活动

注:1. 限制建设区:在禁止建设区外,将长江口及近海海域、城市开发边界外的市域陆域空间以及城市开发边界内的规划非建设用地,划入限制建设区。
2. 禁止建设区:禁止建设区包括一类和二类生态空间。

6.2.5 车辆基地规划应充分考虑车辆基地内部建筑的立体化设计以节约集约利用土地。一方面,停车检修设施可以考虑采用双层形式,减少用地面积;另一方面,办公设施应集中布设。

车辆基地布局规划中,在条件合适的情况下应优先考虑使用既有铁路设施资源。

7 主要附属设施规划

7.1 主变电所

7.1.4 根据《上海市控制性详细规划技术准则》，110 kV 主变电所用地面积为 1 800 m^2～2 400 m^2。本标准建议在规划阶段按照 40 m×60 m 的用地规模进行控制。经梳理，该范围可满足我市近期轨道交通主变电所的选址要求。例如，7 号线新村路 110 kV 主变电所为全地下形式，站址占地 21.5 m×68 m，约 1 462 m^2。9 号线民生路 110 kV 主变电所为全地下形式，站址占地约 2 185.5 m^2。14 号线金桥主变电所占地面积 2 400 m^2，南北向长 60 m，东西向长 40 m。

7.2 控制中心

7.2.1 考虑到市域线制式和运营管理主体的差异，可以结合实际情况，按照一种制式设置一处全网控制中心的思路增设控制中心，并考虑尽可能和已有控制中心合址共建。考虑到局域线的线路功能，考虑可在各个新城、主城区分别成网，从运营管理便捷的角度，对局域线分片区设置网络控制中心。